Die Kugel

Eine Philosophie in Versen

Otto Zur Linde

Alpha Editions

This edition published in 2022

ISBN : 9789356893993

Design and Setting By
Alpha Editions
www.alphaedis.com
Email - info@alphaedis.com

Contents

I

Kam uns aus Betlehem die KundeVon einer Lieb im Weltenrunde;In Cusa sprach ein weiser Mund:Lieb, Welt, und All und eins ist rund.Als Drittes lernet noch hinzu:Das Ipse stirbt und schafft das Tu.So wird aus Etwas Nichts und All,Erlöst aus Egos Höllenqual.Die Lieb ist eins, von eins zu eins,Und Eins und Eins und Eins ist eins;So drei zwei eins ist urselbstein,Wo's All ist muss ein Nichts auch sein –Das aber ist der Sündenfall:Etwas und Ego, Teil und Zahl.

Umlernen muss die Mathematik,
Astronomie auch, und Physik.

Und wollen wir das Heil ergründen:
Nur in der Kugel lässt sich's finden.

Das Nichts, der Punkt, die Kugel,
All –Rund ist der Cubus und der Ball.

Der schnellste Weg? Die Grade sei's?
Das ist allein der Kugelkreis.

Werft fort die Kraft- und Richtungsell
Und greift zum Kugelparallel,

Das alles Endes Anfang ist:
Dieweil es seiner selbst vergisst:

Im Anschaun seinerselbst sich schafft
Mit urselbsteiner Opferkraft:

Und urselbsteiner Stell und Stund
Als Nichts und All sich fügt zum Rund ...

Es stösst im Raum sich das Quadrat,
Dieweil's kein Immerwannszentrum hat;

Und in der Zeit rückt es nicht fort:
Ihm fehlt der Allerwo'smittelort.

Doch wollen wir das Heil ergründen:
Nur in der Kugel lässt sich's finden.

Suh – suh – die Welt ist rund,
Ein Traum, ein Urakkord;
Terz und Quint aus Gottes Mund,
Septime Menschenwort.

Kugelverse. – Erstes Körbchen.

1.

Tausend Gründe dawider zählt ihr an Fingern und Daumen,
Gleich als hab' ich noch nie gründen und zählen gelernt.

2.

Was ihr selber nicht seht, ein anderes Auge wohl sieht es. –
Was ihr euch aber getraut, traut es auch anderen zu.

3.

Hinter dem Busch, wo ihr sitzet, haben auch andre gesessen,
Haben das Gras gedrückt, das folgendes Morgens sich hob.

4.

Über den Anger bin ich gegangen,
Habe die Blumen blühen gesehn.
Farbige Lieder dufteten, sangen,
Aus der Allunitas fühlt ich ein Wehn.
Aber mein Auge nur sieht: mein Ohr
Hört: der Zwietracht gemischten Chor.

5.

Was ich gelernt in Sünde segmentarisch erscheint es;
Aber der Unschuld Kreis hab ich im Herzen gefühlt.

6.

Stosst euch an Ecken und Enden, reisst euch an Disteln und Dornen,
Blutet von Schnitt und Schlag – aber die Welt ist rund.

7.

Klagten nicht Hirn so und Herz mir, schmerzten nicht Arme und Beine,
Würd' ich wohl dann noch sagen: rund ist die Welt und gut?

8.

Wenn ich ein Esel nicht wär, der Distelköpfe gefressen,
Würd' ich wohl sagen, dass ihr Distelköpfe fresst?

9.

Wenn ich nicht immer noch frässe stachlige Distelköpfe,
Spräch ich von Ananas euch, Brüder im langen Ohr?

10.

Könnt ich beweisen, was ich im innersten Herzen glaube,
Glaube Beweis und ich schwänden im schwebenden Rund.

11.

An der Erscheinung in mir [Eder und Angeln und Ecken]
Raten mögt ich ihr und regeln, aber rund ist das Sein.

12.

Innen und aussen nur Schein, Narren und Narrenhäuser,
Drinnen ich, draussen ihr – ist doch jeder ein Narr.

Kugelverse. – Zweites Körbchen.

13.

Abdruck nicht bin ich des Schöpfers, mögt mich Analogon nennen,
Ungeboren, unsterblich – bin ich Gott parallel.

14.

Ja und Nein und Vielleicht, Punkt-Kugel-Allkonzentrisch;
Schwindet die Kugel ins Nichts, schwillt der Punkt zum All.

15.

Alles dasselbe – »und doch siehst du es tausendfältig?
«Einfalt! lernet daraus, dass ihr es tausendfalt seht.

16.

»Sprichst uns von Kugel und Kreis .... Und all die Winkel und Ecken,
Linien, Flächen und Würfel? Weiser, du bist verrückt.«

17.

Recht verrückt gesprochen! Das eben ist die Verrückung
‚Dass ihr die Wahrheit verrückt, dass ihr den Kreis quadriert.

18.

»Also willst du das Viereck uns zum Unendlicheck zirkeln?
Willst das Verrückte verrücken, machst uns das Grade krumm?«

19.

Schwätzt nicht von Rücken und Drehen! Schwindelt euch auf der Erde?
Hängt ihr des Tags an den Füssen, steht ihr des Nachts auf dem Kopf.

20.

»Stellst Du uns auf den Kopf, so strömt uns das Blut ins Gehirne.
«Ach! da habt ihr wohl recht, euer Gehirn ist im Weg.

Kugelverse. – Drittes Körbchen.

21.

Wollt' ich's in Prosa zerlegen, bräche die Kugel in Scherben;
Aber im Verse geglüht schmelzen die Teile zum All.

22.

Körbchen dutzendweis senden wollt' ich dir, lieber Freund Humphrey,
Würdest sie leeren und lernen ..... Aber das Publikum auch?

23.

Schwach ist ihr Magen, und kurz die Windung ihrer Gedärme;
Füll ich zu viel und zu schnell, geht es unverdaut ab.

24.

Segmentarische Hirne denken nur in Segmenten;
Also stopf ich den Kreis segmentarisch hinein.

25.

Haben sie erst gehäuft der Kugel Teile im Schädel,
Quirlt eine glückliche Stunde das Chaos wohl zum Rund.

Kugelverse. – Viertes Körbchen.

26.

Um sich selber der Punkt dreht sich im ewigen Stillstand;
Ewig unbewegt wirbelt der Kreis ohne Rast.

27.

Auf der Peripherie kreist Gottes grenzlose Weisheit;
Aber die Mathematik rutscht auf der Achse begrenzt.

28.

Alles, alles ist rund: Punkt und Fläche und Körper;
Überall ist Gott – mitten zwischen der Mensch.

29.

Mag er wohl wandern vom Punkt zu jedem Peripheriepunkt,
Kehrt er zum Mittelpunkt nie kreisend als Mensch zurück.

30.

Also schafft sich der Mensch ewiggetrennte Grenzen;
Grenzend schlägt er die Brücke hinter sich, vor sich, ab.

31.

Eilt die Grade dahin ruhelos in die Zukunft,
Kehrt sie sausend zurück aus der Vergangenheit.

32.

Ist die Grade geründet, rollen die Ewigkeiten;
Ist die Grade gerad, holpert und stolpert die Zeit.

Kugelverse. – Fünftes Körbchen.

33.

Gott ist original; nimmer dieselbe Strecke
Gehet er zweimal ab, nimmer im Pendelgang.

34.

Gleitend von A nach B vorwärts stürmt er ins Allrund,
Vorwärts, immer im Kreis schwingt er nach A zurück.

35.

Ist der ängstliche Mensch von A nach B gegangen,
Starrt er von B ins Leere, flieht er nach A zurück.

36.

Aber von A ins Nicht schaut er und pendelt rückwärts.
So – zwischen Nichts und Nichts hängt er am schwebenden Reck.

37.

Aber die Grade A B, die schwimmende Scholle im Weltmeer,
Trägt uns nach Ost und West, trägt uns nach Nord und Süd.

38.

Hat uns die Mathematik errettet aus drohendem Tode,
Hält sie auf treibender Scholle hungernd uns festgebannt.

39.

Aber die Elle, die uns unser Gefängnis quadrieret
Oder zum Cubus zwingt – ist trotz ein Kreissegment.

40.

Menschen endliche Zahl, Gottes unendliche Unzahl;
Schneidet der Mensch sich Stullen, fügt sie Gott zum Leib.

Kugelverse. – Sechstes Körbchen.

41.

Aber der Kreis, was ist er? Quadrat mit zahllosen Ecken?
Nein, es ist das Quadrat vielfach gezählt ein Kreis.

42.

Sind wir in Sünde geboren, messen unser Gefängnis,
Zwischen Unschuld und Allschuld zählen wir zagend die Schuld.

43.

Zwischen Nichts und All, kriechen von Etwas zu Etwas,
Ausgestossen vom Nichts, ausgeschlossen vom All.

Kugelverse. – Siebentes Körbchen.

44.

Aber was ist der Kreis? Punkt hier nenn ich die Unschuld,
Und im Kerker der Schuld Christus Heiland den Kreis.

45.

Mensch geworden der Gott, Symbolon: endlich – unendlich. –
Unschuld Allwissenheit zeugten Etwas aus Nichts und All.

46.

Vater Sohn Heiliger Geist schafften mit Wissen und Wollen
Drei Symbole: Punkt-Geist, Kugel-Vater, Kreis-Sohn.

Emballage zurück.

47.

Da hätt ich selbst mir wiedersprochen?
Das Nichts und All sei ohne End;
Nun wärs vom Etwas unterbrochen,
Wo man doch End und Anfang kennt.

Fast dauern mich die armen Seelen,
Kurz ist der Menschen Unverstand.
Da haben sie trotz allem Zählen
Fünf Finger nur an jeder Hand.

Beim Kleinsten kaum den Anfang nommen,
Beim Daumen schon ans Ziel gekommen.

Quittung.

48.

Können sie nichts dawider, gar nichts dawider mir sagen
Was ich ihnen gesagt – tadeln sie, wie ich's gesagt.

49.

»Über das holprige Pflaster rasselt dein Distichonkarren;
Zwischen der Achse Geächz langhin hallet dein Hüh.«

50.

»Jämmerlich jeglichen Vers hackt die Zäsur in zwei Verse.
Freund! Deine Distichen sind triplex quadruplex gebaut.«

51.

Lest ihr so akkurat meiner Distichen Bauplan?
Freunde! wenn sie nun gar keine Distichen sind?

52.

Ja sie taumeln im Hipphopp, zweimal zwei Rummeldumhälften,
Griechisch, gallisch, germanisch, leider auch alliteriert.

53.

Hammerschläge ein Dutzend, knisternd sprühen die Funken.
Saust der Hammer hernieder, kläppert der glühende Stahl.

54.

Sekundieren am Ambos zwei Schmiedegesellen den Meister.
Viermal wechselt der Dreischlag – schnell mit dem Stahl ins Bad.

II.

Wohl schreitet die Sehnsucht brückendes Schrittes
Von Berg zu Berg übers Tal,
Von Stern zu Stern; die Spur ihres Trittes
Leuchtet im Weltenall.

Sie schreitet, schreitet auf glühenden Sohlen
Ewig im ewigen Raum;
Wo End und Anfang zeitlos rollen,
Schleift ihrer Schleppe Saum.

Sie schreitet, schreitet mit suchenden Füssen
Vom Vollen ins leerste Nichts;
Und wo sie hintritt, im Dunkel spriessen
Brennende Blumen des Lichts.

Und wo sie hintritt, im ewig Leeren
Urewige Fülle aufquillt;
Urewig des Endes Anfangbegehren
Des Anfangs Ende stillt.

So über die Weiten und über die Zeiten
Vom Nirgendwo zum Niemal
Mag wohl die Sehnsucht brückend schreiten
Von Berg zu Berg übers Tal.

Suh – suh – ein Ton in mir
Der schwillt und ebbt im All
Zur Weltenfuge Klanggewirr,
Zur Einheit Urchoral.

Ruh – Ruh – so singt der Ton
Der Seele Sehnsuchtslied,
So schreit die Möve sturmentflohn
Der übers Meer herzieht;

So heult der Sturm den Brausesang,
So brüllt das Meer im Grund,
Des Weltenwütens Sterbedrang,
Der Tod am Leben wund.

Weh – weh – ein Ton in mir
Zur Meeresbrandung schwillt,
Die aller Ufer Qualrevier
Mit bangem Schrei erfüllt.

Bis einst des Schweigens Abgrund weit
Den Mutterschooss auftut,
Und alles Leben, alles Leid
Erlöst im Tode ruht.

Im Gedränge
Der Menge
Urseiender Wahrheit
Zu sehen
Verstehen
Die werdende Klarheit;
Im kleinen
Erscheinen
Das grosse »
An-sich«,
Beim Zahl-viel
Ans All-ziel
Erinnere dich.
Da drinnen
Beginnen,
Da draussen das Ende; –
Dass im Innern
Erinnern
Das Aussen fände,
Lern nennen
Lern kennen
Was aussen ist;
Werde jetzt

Was zuletzt
Von Anfang du bist.
Gewärtig
Unfertig Die Einzelheit,
Doch vorwärts
Und rückwärts
Die Ewigkeit.
Das Leben
Ein SchwebenUm zuckende Flammen;
Folg allen,Sie fallen
Zur Sonne zusammen.
Folg einer,Stets kleiner
Zum Nichts sie verschwindet.
Tauchst dort du, immerfort du,
Ohne Rast du, so hast du
Im Nichts das All ergründet.
Du magst,
Wo du fragst
Wohl Antwort erwerben,
Vom Einen
Zum Keinen
Zum All wohl sterben.
Magst zählen,Magst schwellen,
Zum Endlosen streben.
Durch TodZu Gott;
Zu Gott durch Leben.
Im InnernErinnern
Und aussen Lernen.
Doch immer
Geflimmer
Von bekannten Sternen.
Wusstest schon
Die LektionVorm Unterricht
,Siehst ebenIm Leben
Dein eigen Gesicht.Was gewesen,
Was du vergessen
,Sagt dir Erinnerung.Was alt
Wird baldIm Gedächtnis jung –
Stets nur
Die Spur
Von deinem Sein.Erinnern im innern
Und Lernen im Fernen;
Hier, dort, das Urselbstein.

Aus deinem Innern sollst du's heben,
Im Innern kreist die ganze Welt.
In dich hinein das Aussenleben
In einen tiefen Abgrund fällt.
Aus dir heraus – bist stets am Ende;
Hinauf, hinab, rundum ..... nur Wände.

Oh wolle nicht nach Aussen schweifen,
Wo deine Kerze flickernd tropft.
Erkennen nenne nicht Begreifen,
Gefühl nicht, wenn dein Finger klopft.
Dem Spiegel wuchsen keine Flügel,
Und doch siehst du die Welt – im Spiegel.

Oh trachte nicht dich auszudehnen!
Sink in dein Inneres still hinab.
Lass draussen der Erscheinung Wähnen,
Steig aus dem engen Weltengrab;
Dort wolle nicht zur Tiefe sinken –
Kann doch in dir das All ertrinken.

Woll' nicht der Gründe Grund ergründen,
Und nicht durchmessen Raum und Zeit!
Nur in der Seele kannst du's finden:
Das »Weltaneng«, das »Weltenweit«.
Da ordnen sich des Chaos Trümmer:
Das Nichts, das All, das Ja, das Nimmer.

Der Kugel All ist ohne Ende,
In Punktes Nichts ist kein Beginn.
Von innen dich nach aussen wende
Zurück zum Innerstinnen hin.
Die Welt des Seins, das Nichts des Scheines,
Das Ipse, Tu – Allselbst, Alleines.

I.

Der Mensch ist allwissend, nur weiss er es nicht.
Es sendet die Sonne ihr strahlendes Licht
Hinaus ins weite Weltenrund.
Der Sonne aber wird es nicht kund,
Dass sie das Universum erhellt.
Sie selber schaut sich um in der Welt
Fragend und zagend von Stern zu Stern
Und sieht in jeglicher Himmelsfern
Die eine urewige finstere Nacht
Und nichts von all der leuchtenden Pracht.
Die Sonne sendet das schaffende Licht
Und sucht es in Sehnsucht und findet es nicht.

II.

Der Mensch ist allwissend, und dunkel er's fühlt.
In seinem Innern er suchend wühlt
Und findet langsam Stück um Stück.
Und heller und heller wird sein Blick,
Den ihm sein Ego so gänzlich getrübt.
Und wie den Säugling die säugende Amme
So liebt das Ipse die leuchtende Flamme,
Das eine urewige Objekt, das Tu.
So stirbt das Subjekt und findet die Ruh.
Allwissenheit schaff ich durch eigenen Tod,
Ich war, ich bin, ich werde – – Gott.

Im Anfang war das Wort.

I.

Demut steigt in sich hinein
Milliarden Weltenaxen weit.
Ist so unermesslich klein
In des Punktes Rätselewigkeit.

Innenwärts zum Innenmeere,
Niederwärts zum Abgrund, zum Gefühle;
Untertauchen in das Leere,
Zu des Nichts unendlichem Gewühle.

Einwärts, kleinwärts, selbstwärts sinken –
Wenn ich erst das Zauberwort gefunden,
Kann ich in mir selbst ertrinken –
Schrumpfen, Sterben, Schwinden, Nichts, Entschwunden.

II.

Liebe geht aus sich heraus
In die allerfernste Weltenferne;
Breitet ihren Mantel aus
Überdeckend Milliarden Sterne.

Aussenwärts zur letzten Sphäre
Überflügelt sie das letzte Licht,
Wo das Volle und das Leere:
Kugellall und Punktes Nichts sich trifft.

Demut, Liebe, aus und ein,
Sucht mir was euch eint das Zauberwort,
Urselbstein, und Ja und Nein,
Grundzweck, Schale-Kern, und Hier und Dort.

Die Sprache.

Als sich der Mensch die Sprache schuf
In seiner Sünden Wildnis,
Was konnt sein Werk wohl anders sein
Denn seines Jammers Bildnis?

Denn Sehnsucht nach dem Paradies
Und Schmerz des Gottvertriebnen,
Denn Trotz der eignen Willenskraft
Und Trost des Gottgebliebnen?

Ja, was von Gott kommt, kehrt zu ihm.
Durchmisst den Kreis der Sünden.
Was ist und ward und wird – es muss
Sich alles, alles ründen.

Wohl in der Sprache hat der Mensch
Den halben Kreis vollendet;
Doch leuchtet sie ihn auf der Bahn,
Die rück zu Gott sich endet.

Der Sünden grösste war das Wort,
Doch auch der Strafen schwerste;
Der Ausfahrt fernste Endstation,
Doch auch der Heimfahrt erste.

Nun suchen wir den Weg zurück,
Da muss das Wort uns scheinen.
So kommen wir vom Schein zum Sein,
Zum Glauben durch das Meinen.

Denn was ich meine, das ist mein,
Und ist ans Ich gebunden,
Und muss auch sterben mit dem Ich,
Wenn wir das Du gefunden.

Und brennt der Worte Fackel hell,
Sie zehrt am eignen Stamme;
Je näher sie dem letzten Stumpf
Je höher loht die Flamme.

So wandeln wir den Weg dahin
Im Wortschein irdscher Klarheit,
So leuchtet uns der Sprache Licht
Zur Sonne ewger Wahrheit.

Das ist des Scheines leuchtend Amt,
Dass es zum Sein uns lenke;
Das ist des Menschen Fluch und Trost,
Dass er im Irrtum – denke.

Das ist der Zweck der Konsequenz,
Die Busse unserer Sünden:
Das sündgend wir von Schuld zu Schuld
Den Weg zur Unschuld finden.

Es führt vom Schein kein Weg zurück
Auf vor-befahrnen Gleisen;
Uns muss der Schein vorwärts durch Schein
Zum Sein den Weg uns weisen.

Gott gebe, dass die Fackel brenn',
Bis wir zum Ziele kommen;
Und dass des Glaubens Licht strahl', wenn
Der Worte Schein verglommen.

III.

Innen und Aussen der Kugel allein der Mittelpunkt ist es,
Überall sonst, wo du weilst, Kugel-in, Punkt-aus du bist.

Schiffst du im Meer des All ewig vom Ende zum Anfang,
Ewig weiter im Nichts steuert dein Schiff seinen Curs.

Sehnend schaust du vom Bug zur Insel des Nichts der Ankunft,
Hinter dir – weltfern die Insel – liegt das Abfahrtsall.

So von Sphäre zu Zentrum suchst du die Kugel zu queren –
Wie die Sphäre nicht abwich, nähert das Zentrum nicht an.

So von Insel zu Insel pflügt dein Schifflein die Wogen;
Kommst von Nirgendwoher, steuerst nach Nirgendwohin.

Immer im Irgendwo, nimmer am Ende: am Anfang!
Punktall unbrückbar und du pendelnd im Kerkersegment.

Ach! des weitesten Endes engstes Innen, des engsten
Anfangs weitestes Aussen ist nur Mittelpunkt Gott.

Warum dreht sich bei euch Alles um eine Achse?
Warum raubt ihr dem Punkt schnöde sein Mittelpunktsrecht?

Mittelpunkt sei der Erde ihr allerinnerstes Zentrum?
Aber der Nordpol ewig vom Südpol bleibt er getrennt.

Schwingt der Äquator allein um des Äquators Mitte;
Jegliche Latitud hat ihren Mittelpunkt.

Alle sitzt ihr am Stiel, fest am Stiele der Zwietracht;
Doch die Allunitas schwebt um den Mittelpunkt frei.

Also befestigt der Knabe die Windvogelleine am Hölzchen;
Wehe der Wind aus Nord, Osten, Süd, oder West,

Weh' er aus Allen zugleich – nimmer wird er des Drachen
Nimmer der Drachen des Windes freier Herr oder Knecht.

Immer die leidige Achse, immer das leidige Ipse,
Nimmer das Kugelpunktzentrum, nimmer das einzige Tu.

Ewig weben die Parzen der Endlichkeit Drachenleine,
Aber Atropos Scheere schneidet sie ewig ab.

Also reisst sich vom Stiel endlich der reifende Apfel;
Aber im Kerngehäus treiben schon Stiele aufs neu.

Von der Unendlichkeit Spindeln lösen sich endliche Fäden,
Aber die Fäden verknüpft geben ein endloses Band.

Liess dich Atropos frei, Atropos Dea Terrestris,
Knüpft dich auf anderem Stern Atropos Altera an.

Jupiter Discors der Narr lässt seinen Drachen steigen,
Und die Mütter der Tiefe weben ihm Windvogelband.

Endchen um Endchen verknüpft er zur endlosen Endlichkeitsleine,
Aber am knotigen Strick hält auch der Vogel ihn fest.

Also ist auch der Wille immer der Sklave des Willens;
Nimmer noch liess den Willen der Wille dem Willen mit Gunst.

Immer noch war der Gehorsam verzichtenwollen auf
Willen; Herr und Sklave des Sklaven, des Sklaven Sklave und Herr.

Geben und Nehmen: zur Einheit ist es getrennt in Zwietracht
–Geben und Nehmen: zur Vielheit ist es in Eintracht vereint.

Aber was red ich von Vielheit! mit Hülfe der Elle der Zwietracht
Auszumessen das Urselbst – wahrlich ein Narrenstück.

Urselbsteiniges Wesens schwebt allwissend das Tu-Rund,
Aber das Ipsesegment zehrt von Erinnerung.

Abgebröckelt vom Urselbst sucht das Teilselbst die Heimat,
Jupiter Discors der Narr hält am Knotenstrick fest es der Zahl.

Fliegt ein Eins zum Zweiten, sucht beim Dritten und Vierten,
In sich selber sogar findet es forschend das Viel.

Aber das Eins im Vielen ahnt es, das Tu der Erfüllung –
Stürzt sich das Ipse ins Nichts, steigt das Tu auf zum All.

Suche dich selbst; du findest die Menschheit,
Gott und Welt – und schwindest ins Nichts.
Da wurzelt die Strahlenkugel der Eintracht,
Die sich im Punkt verneintUnd in der Sphäre bejaht.

Fliehe dich selbst; am ewigen Etwas
Rüttelst du ratlos, am vielen Vielleicht.
Das weicht nicht aussen noch innen; in Zwietracht
Pendelnd von Sphäre zum Punkt
Bleibst du ein Zwischensegment.

Jedes: Punkt, Kugel: eint Aussen und Innen,
Beide: Punkt, Kugel: sind parallel
Mitander, mitselbst, und sind eins. – Kein Etwas:
Oder sich selbst divergent
Klemmt's zwischen Nichts und All.

»Grade aus liegt die Wahrheit; folge nur deiner Nase!
«Aber die Nase sie steht im Gesichte mir schief.

Also gehe du schief, und mache du einen Umweg;
Führt doch jeglicher Weg immer im Kreise herum.

Wo du auch hingehst, geh nur vorwärts, kommst du doch immer
Von der anderen Seite zum Ausgangspunkt zurück.

Also siehst du, wie recht jener Weltweise hatte,
Als er sprach: Das Ding ist immer ein Widerspruch.

Sein und Nichtsein am Ort .... wahrlich um nicht zu sein dort
Wo du nicht bist, musst du an eben dem Orte sein.

Denn wie könntest du wissen, dass dieses Ding nicht am Ort ist,
Bist du nicht selber am Ort, wo du das Ding nicht findst.

Aber ich muss dort nicht sein, um dieses Ding nicht zu sehen.
Aber ist Sehen etwa weniger anwesend sein?

Doch ich brauch nicht zu sehen, brauche nur eben zu denken;
Bist du selber auch hier, ist dein Denken doch dort.

Bist du in A, so bist du nicht in B selbsteigen;
Aber mein Freund nur dann – wenn du in B dich nicht fandst,

Bist du mehr nun in A, denn als du in B warst auf Kundschaft?
Häh, mein Freund, da sind wir wieder beim Ipse und Tu.

Hat dir solches gepredigt Hänschen im Puppenkasten,
Predigt die Weisheit dir Hans, selbst bis zum Überdruss.

Also ist es gewesen immer in deutschen Landen:
Soll man dir glauben, so sage unbeirrt deinen Spruch.

Sage ihn einmal und zweimal, sage ihn heute und morgen;
Was du dem Vater gesagt, glaubt dir am Ende der Sohn.

Philosophus Hanswurst, der Weise,
Dreht auf dem Absatz sich im Kreise.
Das Welten Weit-rund kennt er nun,
Bleibt noch das Allrund abzutun,
Das Oben und Unten im Kugelraum –
Hans Wurst schlägt einen Purzelbaum.
Das Innen will er noch durchqueren
Zur Insel Nichts im Meer des Leeren.
Da krümmt und windet sich der Weise
Auf eine ganz verzwickte Weise
Und beisst sich in den grossen Zeh
Inbrünstiglich aus Demutsweh.
So Kugel-Igel-kontrahiert,
Wie er sich einzieht, schrumpft, und schnürt,
Und abstrahiert, und dividiert,
Zum Schluss den Nabel noch negiert –
Da kommt des Wegs ein Düngerkarren,
Der hätt ihn beinah überfahren;
Dieweil der punktgeschrumpfte Weise
Ganz körperhaft im Fahrgeleise
Wie ein Paket am Wege lag.
Der Fuhrmann aber fluchte sehr,

Und hat noch schnell sein Pferd gezügelt:
Was das für ein Gebaren wär,
Dass einer gar am hellen Tag
Betrunken sich am Boden kügelt!?
Und ho! und he! nicht sehr zivil
Traktiert ihn mit dem Peitschenstiel.
Da fühlt der Narr, was ihn verdross,
Sich körperhaft an Schlag und Stoss;
Hat sich die wunde Haut gerieben.
An der Erkenntniss trug er schwer,
Die Insel aber im leeren Meer –
Ist diesmal unentdeckt geblieben.

Nennt mich nicht einsam, wenn ich angstvoll lausche
Dem Rätselraunen des, der Grösser ist,
Vor dem ich widerstrebend schrumpfe, dem ich
Niemals entrinne, der mich niederbeugt,
Und ist mein ander selbst – nennt mich nicht einsam.

Da flieh ich in die Einsamkeit vor ihm
Zu andern Menschen, die kein ich kein Du sind.
Ich einsam unter ihnen als ein Er
Bin ledig meines Du's – das ist das Weltmeer;
Es soll mich trinken ach! und ist so leer;
Mich füllen ach! zu voll ist seine Fülle.

Doch überm Weltmeer schwebt das Du und füllt es Und füllt und füllt;
und trinkt die Leere; ist; Du bist, Du bist; das Er war Lüge; lass
Mich sterben demutsvoll vor Dir, mein Du!
Bin Nichts schon und bald fass ich deine Fluten,
Dein Rätselraunen rauscht zum Urchoral,
Oh Du, oh Du – mein Ich lauscht in der Stille.

Riesengross wuchs meine Liebe ins quellende Rund,
Schwellend umschlang sie die Fülle der Welt,
Alles zu einen in einem, vom Gipfel zum Grund,

Weit zu dehnen ins Weite ein Zelt
Über das Volle und Leere, sich selbst zu umschliessen.
Ach! aber die Liebe
Alles umschliessend schloss sie sich aus.

Folgte die Ebbe der Flut und trank ihre sickernden Wogen Sehnsucht
saugend in Demut, verschrumpft;
Enger und enger des Dus umklammernde Bogen;
Naht des Vergehens urwerdende Kunst.
All-einstrahlend im Brennpunkt welcher sich selber verbrennt,
bejaht sich das Leben
Weil es im Tode sich selber verneint.

Wirfst mir den Apfel in Schooss, den Apfel vom Baum der Erkenntniss,
Vom Baume der Zwietracht; auch dieser Sündenapfel sei rund.

Sitzt er am Stiele doch, Freund, hat Löcher: eins oben und unten;
Freund, er ist nur ein Kreis der um die Tangente rotiert.

Nach einem Motiv von Dr. Charles Humphrey Clarke.

Da zählen wir es an den Fingern ab
Nach Jahr und Monat, Woche, Tag und Stunde
Vom Tag an, den uns unsere Mutter gab,
Bis heut – und glauben solcher Zahlenkunde
Mit Zehnern, Einern, Komma, Dezimal:
So wäre unser Leben = eine Zahl?

Was ist, das ist, trotz Prüfen, Zählen, Messen,
Zurück und hier und vorwärts, nah und weit;
Ob du noch nicht sie zähltest, ob vergessen,
Anwesend ist [und war doch nie] die Zeit.
Ob sie in Wolken liegt noch unerreicht,
Ob du sie greifst, ob sie von dannen fleucht;

Ist Alles, Alles nur die Ewigkeit,
Punkt-Kugel. Ob du deine Flügel breitest
Und fliegst im All, du bleibst doch in der Zeit.
Und ob im Punkt du tief und tiefer gleitest
Milliardendezimal vom Punkt .....
Im AllIm Nichts .... was du erkennst, ist nur die Zahl.

Und doch ists Ewigkeit, die Gott gepresst
Zur Zeit auf dass dein Witz davon erkenne,
Was in dein enges Hirn sich stopfen lässt,
Dein elend Hirn. So Menschlein – lustig nenne,
Was du zu fassen meinst: nur Zahl, nur Zeit.
Bist du am End, beginnt die Ewigkeit.

Du fragst: was nütze dir die Zahl, die nur
Ein Triebsand, wo kein Anker haften bliebe?
So schwing ich aus der Zahlen Unnatur!
Jenseits der Sandbank Zeit die Insel Liebe
Im Meer der Ewigkeit – ist Ankergrund.
Du stehst, und Alles andere dreh' sich rund.

Kannst du ein Ganzes teilen? Was unterfängst du dich Menschlein?
Ehe den Nenner du nennst, zeugt für den Zähler dein Mund.

* * *

Doch der Allunitas gar meinst du Kinder zu zeugen;
Ordnest die Spiegel im Kreis, drin sich die Eins beschaut.

* * *

Da seh ich: in Zwietracht die Dinge der Welt,
Wie jedes Ganze zum Teil zerfällt,
Und doch das Ganze zusammen hält! –
Da seh ich: in Eintracht die Dinge stehn,
Sich suchen, sich finden, im Kreise – drehn!
Von aussen oder von innen gesehn:
Es dividiert sich die Welt des Scheins
Zum einen ewigen Urselbsteins;
Und auch die Eintracht trägt als Frucht
Das eine Sein als Urprodukt.

Was die Seele dir drückt, wirf es hinaus im Rhythmus.
Was kein Dampfkrahn hebt, spielend lüftet's der Vers.

Auf dem Strome der Zeit vom Urquell der ewigen Weisheit
Schwimmen bewimpelte Kähne ins Meer der Poesie.

Ewige Finsterniss liegt im unbewegten Raume,
Aber der Dichtkunst Fackel wandert von Hand zu Hand.

Närrische Erdengötter, Fackeljongleure der Weisheit,
Wandernde Lichtguirlanden fliegen von Kahn zu Kahn.

Kenne dich selbst, dass ist der Wahrheit innerstes Zentrum,
Wo sich Anfang und Ende mit der Mitte vereint.

Kenne dich selbst im Selbst, kenne dich wieder im Aussen;
Aussen und Innen umspannt ewig das einzige Tu.

Könntest du aussen wohl sein, wärest du selbst nicht innen?
Wäre wohl einsam dein Herz, schlüge im Zweiten nicht deins?

Droben auf tausend Sternen singt die Sehnsucht ihr Urlied.
Einsam träumst du und lauschest – kennst du dein Wiegenlied nicht?

Es ist ein Ton geklungen
Von Ruhland übers Meer,
In meinen Traum geklungen –
Warum klingt es und singt es nicht mehr?

»Die Welt ist gut, die Welt ist eins,
Der Traum ist Urmusik;
Und Gott ist Liebe, Sohn, und Geist ....
Und eins ist Gott und ich.«

Weit! – Weit! – Drüben in Ruhland
Hängt eine Harfe am goldenen Baum;
Da streicht der Wind durch die silbernen Saiten,
Die klingen in meinen Traum.
Weit! – weit übers Lichtmeer
Gleitet ein schweigender Kahn.
Und eine einsame Taube
Die kommt von Ruhland geflogen
Über die Wasserbahn.
Es zieht eine wandernde Welle
Auf glatter träumender Flut,
Die hat ein silbernes Stirnband
Das glitzert wie Maienschnee.
Es schwimmt ein goldener Apfel
Vom goldenen Harfenbaum,
Den hat der Wind gebrochen
Der über die Saiten strich;
Er ist ins Meer gefallen
Und treibt auf endloser Fläche
Einsam uferverlorn.
Da kam ein Sturm geflogen
Sausend und brausend daher

Von Reuland über der Wüste –
Da sank gebrochenes Fittichs
Die Taube trostlos ins Meer,
Da ist die einsame Welle
Gequollen himmelan
Und hat das Meer verschlungen
Und Taube und Apfel und Kahn.
Da haben die Saiten geklungen
So klagend übers Meer,
Da ist eine Saite gesprungen
Und riss eine Wunde in meinen Traum,
Als wenn mein Herz zersprungen wär.
Die Harfe im goldenen Apfelbaum
Klingt nun und nimmermehr.

Ich hab im Traum geweinet,
Das war ein Schmerz so weh,
Und meine Tränen flossen
Wie Öl aufs wogende Meer.
Da glätteten sich die Wogen,
Da sass ich im kleinen Kahn,
Den trieb die einsame Welle
Über die Fläche dahin.
Da nahm ich den goldenen Apfel
Und auch die Taube in Kahn
Und liess im Kahn mich treiben.....

Und war eine Stille in Lüften
Ein Frieden wunderklar.

Weit! – Weit! – drüben in Ruhland
Unter dem goldenen Apfelbaum
Singt ein Kindlein ein Wiegenlied.

Leise, leise, gleitet mein Kahn
Zur Allerseeleninsel
Über die schweigende Flut.

Blonder Knabe im lockigen Haar,
Traum der Seele, die schuldlos war,
Süsses Jesukindlein!
Singst das eine urewige Lied,
Singst der Menschheit Wiegenlied,

Das ich in Ruhland gesungen.
Liebes lächelndes Brüderlein,
Warum liessest du mich allein?
Warum nur im Traum der Nacht
Darf ich bei dir sein?
Warum sang ich mein Wiegenlied,
Warum sang ich in Ruhland nicht
Unter dem Apfelbaum?
Warum sing ich im Traum der Nacht
Warum sing ich mein Wiegenlied
Ach! so ganz allein?

»Brüderlein in Sünde,
Warum bist du ein Mensch geworden,
Mensch der Zwietracht,
Mensch der Schuld?
Warum Brüderlein?
Schau die silberne Saite riss,
Schau dein Herz ist wund,
Kommst du nun zu mir zurück, Brüderlein?«

Klingt so süss und klingt so weh,
Sündenwissend sündenrein,
Wieder mein Kinderstimmchen:

Es ist ein Ton geklungen
Von Ruhland übers Meer,
Es ist eine Saite gesprungen,
Die klingt nicht mehr.
Es ist ein Echo gewandert
Nach Ruhland über das Meer,
Das hat eine Botschaft verkündet
In Reuland über der Wüste,
Nun ist es heimwärts flogen
Nach Ruhland übers Meer,
Da wird ein Lied gesungen
Von Ewigkeit her.

Die Welt ist gut, die Welt ist eins,
Der Traum ist Urmusik.
Und Gott ist Liebe, Sohn, und Geist
Und eins ist Gott und ich.«